글 캐시 에반스

수의사이자 작가로, 영국 본머스에서 아들 둘과 살아요. 닭 일곱 마리와 돼지 한 마리를 포함해
다양한 동물들과 같이 살고 있지요. 책 《인간과 동물의 일곱 가지 감각 이야기》를 썼어요.

그림 비아 멜루

브라질 출신의 일러스트레이터이자 디자이너로, 영국 런던에 살아요.
최근 케임브리지 예술 학교에서 아동 도서 일러스트레이션 석사 학위를 받았어요.
골든 핀휠 영 일러스트레이터상의 최종 후보에 올랐고, 맥밀란상 일러스트레이터 부문 우수상을 받았어요.

옮김 이계순

서울대학교를 졸업한 뒤, 인문·사회부터 과학에 이르기까지 폭넓은 분야에 관심을 두고
어린이·청소년 책 전문 번역가로 활동하고 있어요. 번역한 책으로 《아낌없이 주는 도서관》, 《나비를 그리는 소녀》, 《나는 용감한 리더입니다》,
《나는 빛나는 예술가입니다》, 《그날이야》, 《세상의 모든 감사》, '삐뽀삐뽀 우리 몸', '환경을 지키는 어린이',
'엉뚱한 세계사' 시리즈 등이 있어요.

★ 일러두기 : 이 책에 나오는 동물 이름은 환경부 국립생물자원관에서 제공하는 국가생물종목록과 표준국어대사전을 따랐습니다.
이곳에 등재되지 않은 동물 이름의 경우, 두산백과를 참고했습니다.

똑똑한 책꽂이 35

엄마 젖을 먹고 자라는 나는 포유류

1판 1쇄 발행 2023년 7월 27일
글 캐시 에반스 | **그림** 비아 멜루 | **옮김** 이계순
펴낸이 김상일 | **펴낸곳** 도서출판 키다리
편집주간 위정은 | **편집** 이은경, 이신아 | **디자인** 이기쁨 | **마케팅** 백민열, 장현아 | **관리** 김영숙
출판등록 2004년 11월 3일 제406-2010-000095호
제조국 대한민국 | **사용연령** 5세 이상
주소 경기도 파주시 심학산로 10 | **전화** 031-955-9860(대표), 031-955-9861(편집) | **팩스** 031-624-1601
이메일 kidaribook@naver.com | **블로그** blog.naver.com/kidaribook
ISBN 979-11-5785-647-3 (77490)

MAMA MAMMALS
Copyright © 2023 Cicada Books
Korean translation rights © 2023 Kidari Publishing Co.
Korean language edition arranged with Cicada Books through Mardo Rodino Agency, UK and AMO Agency, Korea.
All rights reserved.

· 이 책의 한국어판 저작권은 AMO 에이전시를 통해 저작권자와 독점 계약한 키다리 출판사에 있습니다.
· 저작권법에 의해 한국 내에서 보호를 받는 저작물이므로 무단 전재와 무단 복제를 금합니다.
· 잘못된 책은 구매하신 곳에서 교환할 수 있습니다.

엄마 젖을 먹고 자라는 나는 포유류

캐시 에반스 글
비아 멜루 그림
이계순 옮김

킨더리

우리 인간도 '포유류'라고?

우리 인간은 포유류의 한 종류예요. 포유류는 약 2억 년 전부터 있었는데,
지구를 걸어 다니는 생물 중 가장 지능이 뛰어나지요.
북극부터 아마존 열대 우림까지, 전 세계 모든 주요 서식지에서 5천 종이 넘는 포유류를 볼 수 있어요.
포유류의 크기는 작은 것부터 큰 것까지 아주 다양해요.

세계에서 가장 큰 포유류는
흰긴수염고래예요.
최대 33미터까지 자라지요.
이건 버스 3대를 길게
이어 붙인 길이와 같아요.

포유류는 저마다 특징이 있지만
몇 가지 공통점이 있어요. 포유류는 체온을
일정하게 유지하는 '온혈 동물'이며, 폐로 호흡해요.
특정 시기가 되면 몸에 털이 자라고,
새끼를 낳아 젖을 먹여 기르지요.

고래는 태어날 때 머리와 턱에 털이 있어요. 대부분의 고래는 자라면서 털이 저절로 빠지지만, 혹등고래 같은 일부 종은 평생 털이 있어요.

영국의 5펜스 동전이에요.

사비피그미땃쥐는 세계에서 가장 작은 포유류예요. 위의 그림이 실제 크기예요. 몸길이가 약 6센티미터밖에 안 돼요.

짝을 구하는 건 정말 어려워!

수컷에 비해 암컷은 번식에 훨씬 더 많은 시간과 힘을 쏟아요. 암컷은 건강한 새끼를 낳을 수 있는 짝을 선택하려 하지요.

포유류는 전부 암컷과 수컷이 있고, 성관계를 통해 번식해요. 동물들의 이러한 번식 행동을 '짝짓기'라고 하지요. 일부 포유류 암컷은 짝짓기할 수컷을 매우 까다롭게 골라요.

짝을 까다롭게 고르는 경우, 수컷은 암컷에게 깊은 인상을 주려고 자신의 능력과 힘을 뽐내는 '구애 행동'을 해요.

수컷 말코손바닥사슴들은 짝짓기 기회를 얻으려고 대결을 해요. 시끄러운 소리로 상대 수컷을 불러낸 다음, 거대한 뿔을 맞대고 한 마리가 포기할 때까지 서로를 밀어붙여요.

수컷 똥박쥐는 노래를 불러
짝에게 자신의 매력을 보여 줘요.
또한 다른 수컷들이
암컷에게 접근하지 못하게
노래를 통해 경고를 보내지요.

긴팔원숭이도 무척 놀라운 가수예요.
수컷 긴팔원숭이는 1킬로미터 밖에서도
들릴 만큼 큰 소리로 노래를 불러 암컷을 유혹해요.
암컷은 노래를 통해 수컷이 어느 무리에 속하는지,
어디에 사는지 알 수 있어요.

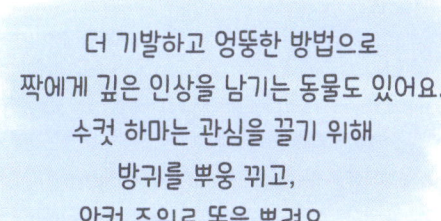

더 기발하고 엉뚱한 방법으로
짝에게 깊은 인상을 남기는 동물도 있어요.
수컷 하마는 관심을 끌기 위해
방귀를 뿡 뀌고,
암컷 주위로 똥을 뿌려요.

암컷 숲멧토끼는 뒷다리로 서서
짝이 될 만한 수컷과 권투를 해요.
수컷의 힘을 시험해 본 뒤,
자신과 짝을 맺을 만한 자격이 있는
수컷인지 판단하지요.

아기는 어떻게 생길까?

포유류가 짝짓기를 할 때, 수컷은 생식 기관인 '음경'을 통해 아주 작은 '정자'들을 내보내요.
정자들은 암컷의 생식 기관인 '질'로 향하지요.
암컷의 몸에 있는 '난소'에서는 1개 이상의 '난자'가 나와요. 암컷의 몸 안에 들어온 정자는 난자와 만나요.

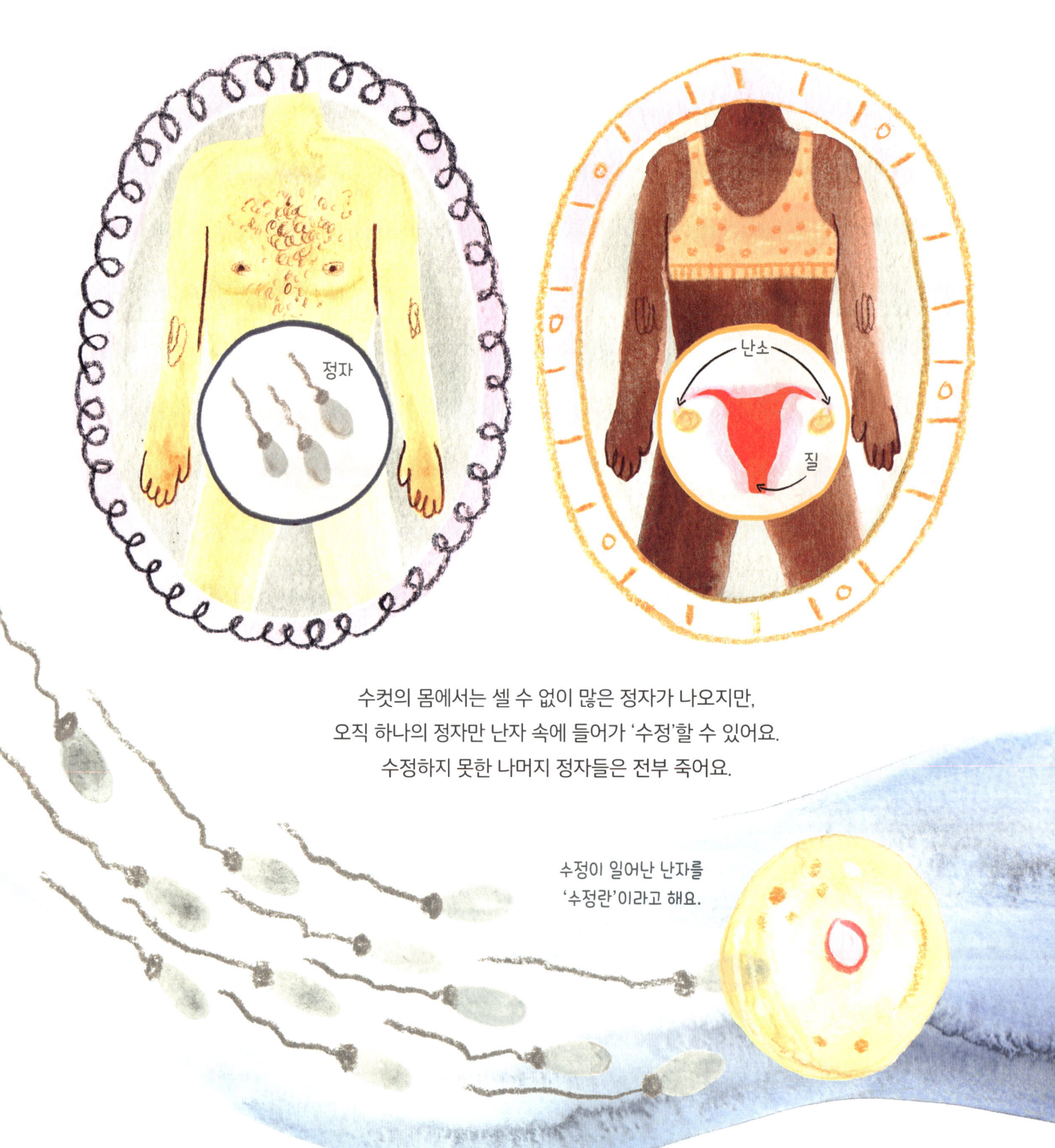

수컷의 몸에서는 셀 수 없이 많은 정자가 나오지만,
오직 하나의 정자만 난자 속에 들어가 '수정'할 수 있어요.
수정하지 못한 나머지 정자들은 전부 죽어요.

수정이 일어난 난자를 '수정란'이라고 해요.

수정란은 암컷의 몸에 있는 '자궁'으로 이동해요. 자궁은 '아기집'으로도 불리지요.
수정란은 자궁으로 향하면서, 더 많은 세포들로 빠르게 쪼개지며 '배반포'가 돼요.

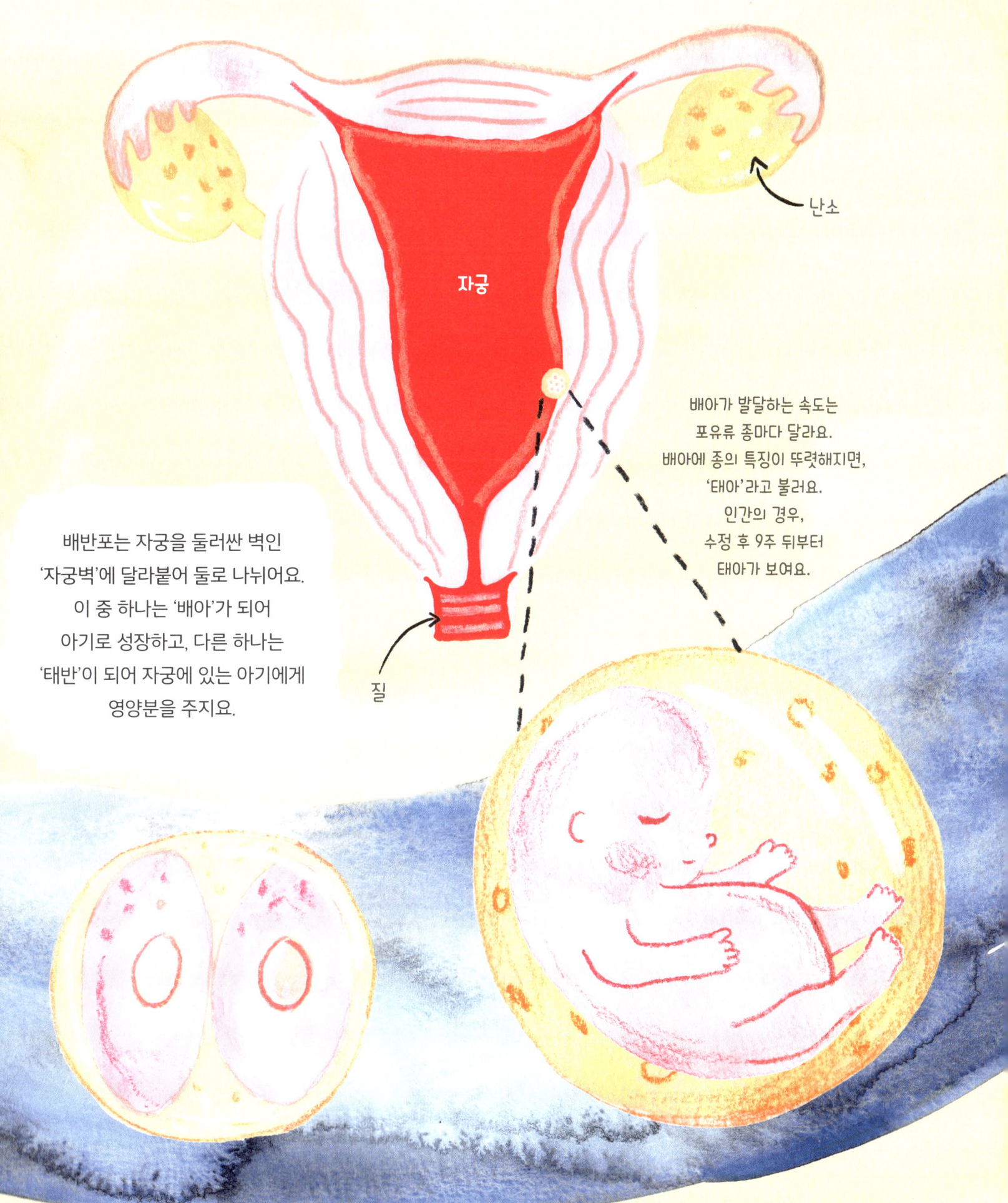

난소

자궁

질

배반포는 자궁을 둘러싼 벽인
'자궁벽'에 달라붙어 둘로 나뉘어요.
이 중 하나는 '배아'가 되어
아기로 성장하고, 다른 하나는
'태반'이 되어 자궁에 있는 아기에게
영양분을 주지요.

배아가 발달하는 속도는
포유류 종마다 달라요.
배아에 종의 특징이 뚜렷해지면,
'태아'라고 불러요.
인간의 경우,
수정 후 9주 뒤부터
태아가 보여요.

한배에서 함께 자라는 형제들

말이나 소, 코끼리 같이 식물을 주로 먹는 커다란 초식 포유류나
원숭이 같은 영장류와 인간은 한번에 1개의 난자만 수정돼요.

이따금 난자 2개가 동시에 나오고, 둘 다 다른 정자와 수정되기도 해요.
이렇게 태어난 아기들을 '이란성 쌍둥이'라고 하지요.
이란성 쌍둥이는 같은 자궁을 나누어 쓰고 같은 날 태어나지만, 생김새는 같지 않아요.

수정란 1개가 둘로 나뉠 때도 있어요. 이렇게 태어난 아기들을 '일란성 쌍둥이'라고 해요.
일란성 쌍둥이는 서로 똑같이 생겼지요.

많은 난자들이 동시에 수정되는 포유류도 있어요.
개, 고양이, 쥐, 돼지는 한 쌍의 부모에게서
한번에 3~8마리의 새끼들이 태어나요.
이렇게 세상에 나온 새끼들을 '한배 새끼'라고 하지요.

한배 새끼들의 수는 보통
어미에게 있는 젖꼭지 수의 절반과 같아요.
젖꼭지가 14개 있는 돼지는 새끼를 7마리 낳을 거예요.
하지만 쥐와 같은 설치류는 젖꼭지 수만큼
새끼를 낳아요. 최대 12마리까지요.

태아가 자라는 곳

대부분의 포유류는 태반이 배아와 함께 발달해요. 태반은 어미의 몸속에 있는 산소와 영양분을 태아에게 전달하고, 태아의 피를 깨끗하게 해 줘요.

태아는 맑은 액체로 가득 찬 주머니 안에서 자라요. 이 주머니를 '양막낭'이라고 하지요. 양막낭은 어미의 배 속에서 태아가 자유롭게 움직일 수 있게 해 주고, 외부의 충격이나 부딪힘에 태아가 다치지 않게 보호해 줘요.

태반은 자궁벽에 붙어 있어요. '탯줄'이라는 혈관 다발을 통해 태아와 연결되어 있지요.

주머니 속에서 자라는 유대류

모든 포유류의 태아가 태반을 통해 영양분을 얻는 건 아니에요.
오스트레일리아에는 '유대류'라는 포유류 무리가 살아요. 캥거루, 코알라, 웜뱃 등이 유대류예요.
유대류는 태반이 없어요. 대신 몇 주 정도의 짧은 임신 기간을 거친 뒤, 아주 작고 연약한 새끼를 낳아요.
태어난 새끼는 앙금앙금 기어 어미 배에 있는 주머니 속으로 들어가지요.

막 태어난 캥거루는 1센티미터보다 조금 큰 크기밖에 안 돼요. 그리고 앞발만 발달돼 있지요. 새끼 캥거루는 앞발을 사용해 어미 배를 기어올라 주머니 속으로 들어가요.

어미 캥거루 몸에는 주머니 속에 있는 새끼 캥거루 말고도, 다른 새끼 캥거루가 더 있을 수 있어요. 캥거루는 자궁이 2개거든요. 출산을 마친 어미는 또다시 짝짓기해, 최근 사용하지 않은 자궁에 배아를 품어요.

배아는 다른 형제가 충분히 자랄 때까지 기다렸다가 발달해요.

어미 캥거루의 젖꼭지는 주머니 안에 있어요. 새끼는 젖꼭지에 달라붙어 지내며 몸이 완전히 자랄 때까지 주머니 속에 있다가, 7개월이 지나면 밖으로 나와요.

알에서 태어나는 단공류

오스트레일리아에는 유대류보다 더 독특한 포유류가 있어요.
'단공류'라는 포유류 무리인데, 악어, 거북 같은 파충류처럼 알을 낳지요!
현재 살아 있는 단공류는 오리너구리와 가시두더지밖에 없어요.

오리너구리는 매우 독특한 포유류예요.

← 비버 꼬리처럼 넓적한 꼬리

수컷 오리너구리는 뒷다리에 독을 뿜는 박차가 있어요. 잡아먹힐 위험에 빠졌을 때 박차에서 독을 내뿜지요. 독을 만들어 내는 포유류는 오리너구리를 포함해 몇 안 돼요.

물갈퀴가 달린 발

두 겹의 털로 이루어진 두꺼운 털가죽

유대류와 단공류를 제외한 나머지 포유류를 '태반 포유류'라고 불러요.

오리 부리 같은 주둥이

어미 배 속에서 자라는 시간

어미의 자궁 안에서 새끼 포유류가 자라는 시간을 '임신 기간'이라고 해요.
일반적으로 덩치가 큰 종일수록 임신 기간이 길지만, 항상 그렇지는 않아요.
미성숙한 새끼를 낳는 포유류는 대체로 임신 기간이 짧아요. 또한 탁 트인 공간에 사는 종은
굴이나 은신처에 새끼를 숨길 수 있는 포유류보다 임신 기간이 더 길지요.

아르마딜로는 보통 일란성 네쌍둥이를 낳아요!

아르마딜로의 임신 기간은 8개월인 경우가 많은데, 태아가 실제로 성장하는 기간은 4개월이에요.
아르마딜로 같은 일부 포유류는 임신 과정을 중간에 잠시 멈출 수 있거든요.

인간의 임신 기간은 약 270일, 다시 말해 9개월이 조금 넘어요. 이 기간보다 일찍 태어난 아기를 '조산아'라고 하지요.
조산아는 한동안 '인큐베이터'라는 기계 안에서 자라게 돼요.
인큐베이터는 온도와 습도를 조절해, 아이가 잘 성장할 수 있게 도와주지요.
대체로 임신 125일 후에 태어난 아기들은 살 수 있는 가능성이 커요.

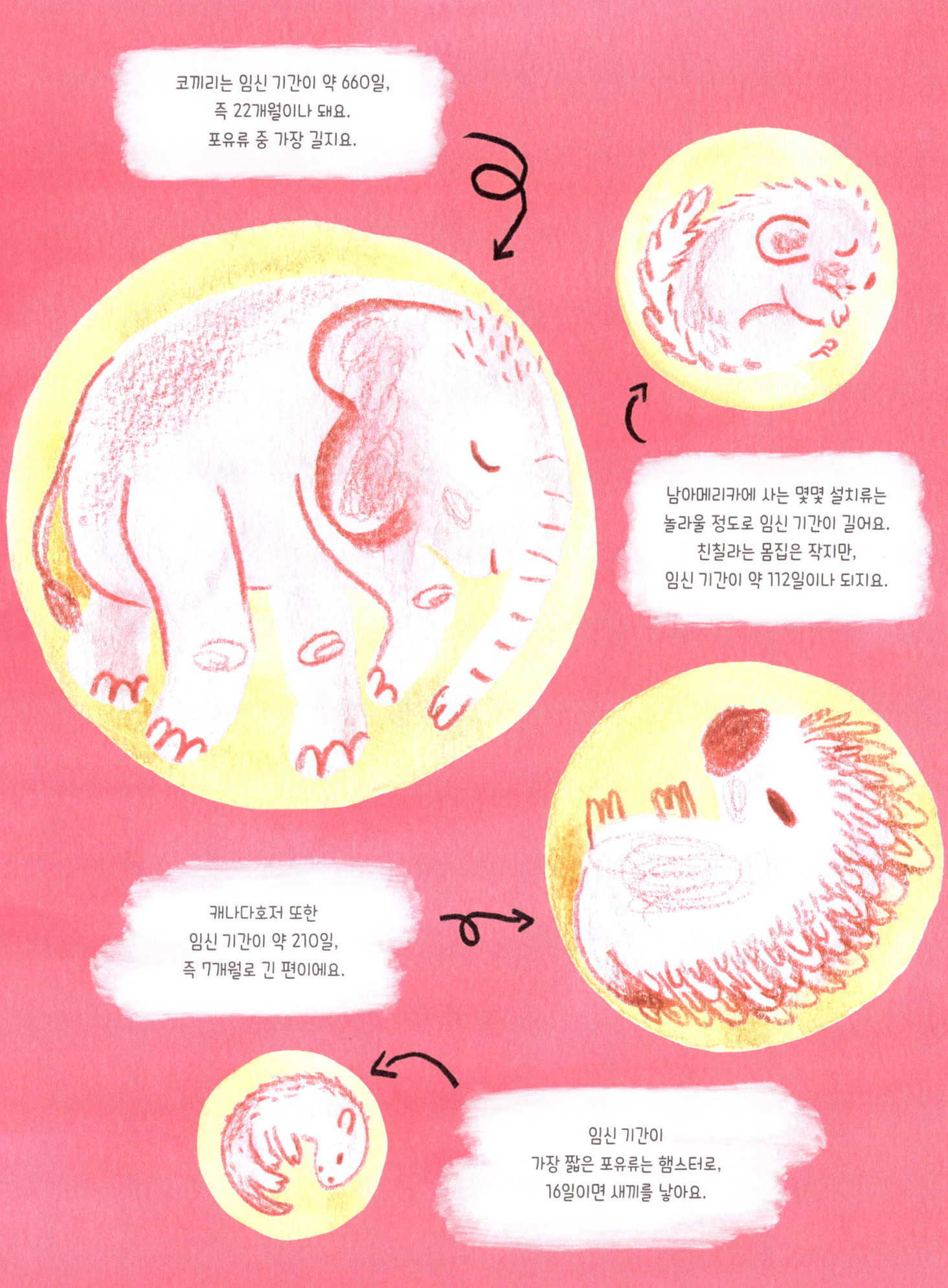

놀라운 탄생의 순간!

태반 포유류는 새끼가 어미의 몸 밖으로 나갈 준비를 마치면, 어미의 몸에서 '자궁 경부'라는 자궁 아랫부분이 열리면서 질로 향하는 출구가 생겨요. 이곳부터 새끼가 어미의 몸 밖으로 나오는 통로를 '산도'라고 하지요. 어미의 자궁 근육은 새끼를 밀어내, 몸 밖으로 나갈 수 있게 도와줘요.

포유류는 태어날 때 보통 머리가 먼저 나오지만, 고래와 돌고래는 꼬리가 먼저 나와요. 머리부터 나오면, 빨리 숨을 쉬어야 하는 새끼가 물속에서 호흡하지 못해 죽을 수 있기 때문이에요. 고래와 돌고래 어미는 새끼를 낳으면 바로 수면 위로 밀어 올려, 새끼가 공기를 들이마실 수 있게 해요.

새끼가 태어날 때, 태반과 새끼를 연결해 주던 탯줄도 같이 딸려 나와요. 대부분의 포유류는 어미가 탯줄을 갉아 먹지요. 인간은 아기의 배 쪽에 탯줄을 조금 남기고서, 나머지는 잘라 내요. 배에 남은 탯줄이 나중에 저절로 떨어지면서 움푹 들어간 자국이 생기는데, 이게 바로 배꼽이에요!

어미 기린은 서서 새끼를 낳아요.
새끼의 긴 목을 보호하려는 것이지요.
새끼 기린은 어미 몸에서 나올 때
약 180센티미터 높이에서 땅으로
툭 떨어져요. 이 과정에서 저절로
탯줄이 끊어져요.

갓 태어난 새끼 기린은
키가 180센티미터,
몸무게는 60킬로그램 정도 돼요.
태어난 첫해에는 얼마 동안
매일 2.5센티미터씩 자라요.

태어나자마자 걷는 동물들

갓 태어난 태반 포유류는 발달 단계가 참으로 다양해요.
말이나 소, 기린, 코끼리 같은 커다란 초식 포유류의 새끼들은 매우 성숙한 상태로 세상에 나와요.
태어날 때부터 눈을 뜨고 있고, 털도 있으며, 뇌도 커요. 태어난 지 몇 시간 안 되었는데도 걸을 수 있지요.
이렇게 성숙한 상태로 태어나는 동물을 '조숙성 동물'이라고 해요.

얼룩말은 태어난 지 15분 이내에 서요.
1시간이 지나면 걷고 곧 달릴 수 있게 되어,
초원을 가로질러 이동하는 얼룩말 무리를
얼마든지 따라다닐 수 있어요.

어떤 포유류는 매우 미성숙한 상태로 태어나요. 이렇게 태어나는 동물을 '만숙성 동물'이라고 하지요. 곰과 호랑이 또한 만숙성 동물이에요. 곰이나 호랑이 같은 육식 동물은 다른 동물을 잡아먹는 포식자로부터 새끼를 보호할 수 있을 뿐만 아니라, 많이 이동하지 않아도 돼요. 그래서 갓 태어난 새끼들을 빨리 독립시킬 필요가 없어요.

곰은 주로 겨울잠을 자는 동안 새끼를 낳아요. 겨울잠을 잘 때는 어미 곰의 신체 기능이 매우 느리게 이루어져서, 새끼들은 자궁 안보다 밖에서 더 잘 자라요. 자그마한 새끼들은 겨우내 굴에서 어미 젖을 먹다가, 봄이 되면 조금 성장한 모습으로 굴 밖으로 나와요.

설치류는 보통 안전한 굴에서 만숙성 새끼들을 아주 많이 낳아요. 이 가운데 약한 새끼들은 건강하고 강한 새끼를 낳을 수 있을 때까지 살아남지 못할 가능성이 커요.

갓 태어난 유인원과 인간

인간을 비롯해 일부 유인원은 조숙성 동물과 만숙성 동물의 특징이 합쳐진 아기를 낳아요.
아주 성숙하고 커다란 아기를 하나 낳거나 미성숙하고 작은 아기를 여럿 낳는 대신,
매우 미성숙하고 커다란 아기를 하나 낳는 거예요. 이 아기는 부모에게
오랫동안 기대어 지내면서 살아남습니다.

망아지는 다 자란 말과 거의 같은 크기의 뇌를 갖고 태어나요. 하지만 인간 아기는 성인의 30퍼센트 크기의 뇌를 가지고 태어나지요. 인간은 태어난 첫 해 동안, 뇌의 크기가 2배로 커져요.

인간의 뇌는 자궁 밖에서 성장하기 때문에, 다른 포유류의 뇌보다 훨씬 복잡한 방식으로 발달해요.

침팬지는 동물계에서 우리 인간과
가장 가까운 사이예요. 갓 태어난 침팬지는
털이 거의 없고, 귀가 작으며, 피부가 얇아요.
새끼 침팬지는 약 4년 동안 어미 젖을 먹으며 지내요.
6살이 되면 뇌가 완전히 발달하지요.
인간은 약 21살까지 뇌가 발달하는데,
그때의 뇌 크기는 다 자란 침팬지 뇌의 3배에 달해요.

새끼 때 다른 이름으로 불리는 동물들

우리말에서 말의 새끼를 '망아지'라고 하는 것처럼, 새끼 때 다른 이름으로 불리는 동물들이 있어요.
새끼 때 특별한 이름으로 불리는 동물은 언어에 따라서도 달라요.
아래의 새끼 포유류들의 영어 이름이 다 자란 포유류의 이름과 어떻게 다른지 살펴볼까요?

여우 Fox
새끼 여우 Kit

말 Horse
망아지 Foal

오리너구리 Platypus
새끼 오리너구리 Puggle

양 Sheep
새끼 양 Lamb

어미 젖을 먹고 쑥쑥!

'포유류'를 영어로 Mammal이라고 하는데, 이 영어 단어는 '가슴, 젖'을 의미하는 라틴어 Mamma, 즉 '맘마'에서 왔어요. 포유류는 젖이 나오는 기관인 '젖샘'이 있어서, 새끼에게 젖을 먹일 수 있지요. 포유류는 자기 새끼에게 가장 적합하고 특별한 젖을 만들어 내요.

어미의 젖을 '모유'라고 해요. 인간의 아기는 종종 모유 대신 소의 젖인 우유를 먹기도 해요. 우유는 수분과 지방 함량이 인간의 모유와 비슷하거든요.

하지만 인간의 모유보다 우유에 단백질이 더 많이 들어 있지요. 송아지는 인간의 아기보다 더 빨리 자라야 하니까요.

인간의 모유는 아기에게 완벽한 음식이에요. 아기가 태어나고 처음 며칠 동안, 엄마의 몸에서는 '초유'가 나와요. 초유는 아기들이 감염되거나 병에 걸리지 않게 해 줘요. 초유에는 아기의 면역 체계와 소화를 돕는 특별한 단백질들이 풍부하게 들어 있거든요.

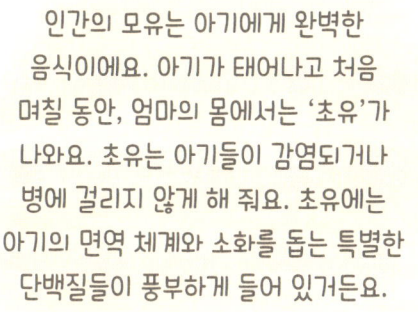

아기가 태어나고 2~5일 정도 지나면 초유가 일반 모유로 바뀌어요. 인간의 모유는 지방이 4퍼센트, 단백질이 1.2퍼센트밖에 없어 상당히 묽은 편이에요.

모유와 관련된 흥미로운 사실들

캥거루의 주머니 안에서는 두 종류의 모유가 나와요. 영양이 풍부한 모유는 갓 태어난 새끼에게 물린 젖꼭지에서 나오고, 물기가 많은 모유는 더 큰 새끼가 빠는 젖꼭지에서 나오지요.

오리너구리와 가시두더지의 암컷은 젖꼭지가 없어요. 대신 젖이 배에서 땀처럼 흐르고, 새끼들이 이것을 핥아 먹지요.

고래는 새끼한테 젖을 주지 않을 때는 젖꼭지를 몸 안으로 쏙 집어넣어, 추위로부터 보호해요.

세상에서 가장 진한 모유는 두건물범의 모유예요. 지방이 60퍼센트나 되거든요. 새끼 두건물범은 4일 동안만 모유를 먹지만, 그동안 모유를 10리터나 마시고 몸무게가 2배로 늘어요. 두건물범은 얼음 위에서 새끼를 낳아요. 그래서 새끼들이 춥지 않도록 지방층을 두껍게 만들어 주는 게 무엇보다 중요하지요.

소중한 어린 시절

새끼 포유류는 어미 젖을 먹고 자라기 때문에, 먹이 찾는 법과 포식자로부터 몸을 보호하는 법,
때에 따라서는 다른 종들과 어울리는 법을 일정 기간 동안 배워야 해요.
이러한 어린 시절은 짧기도 하고, 길기도 해요.

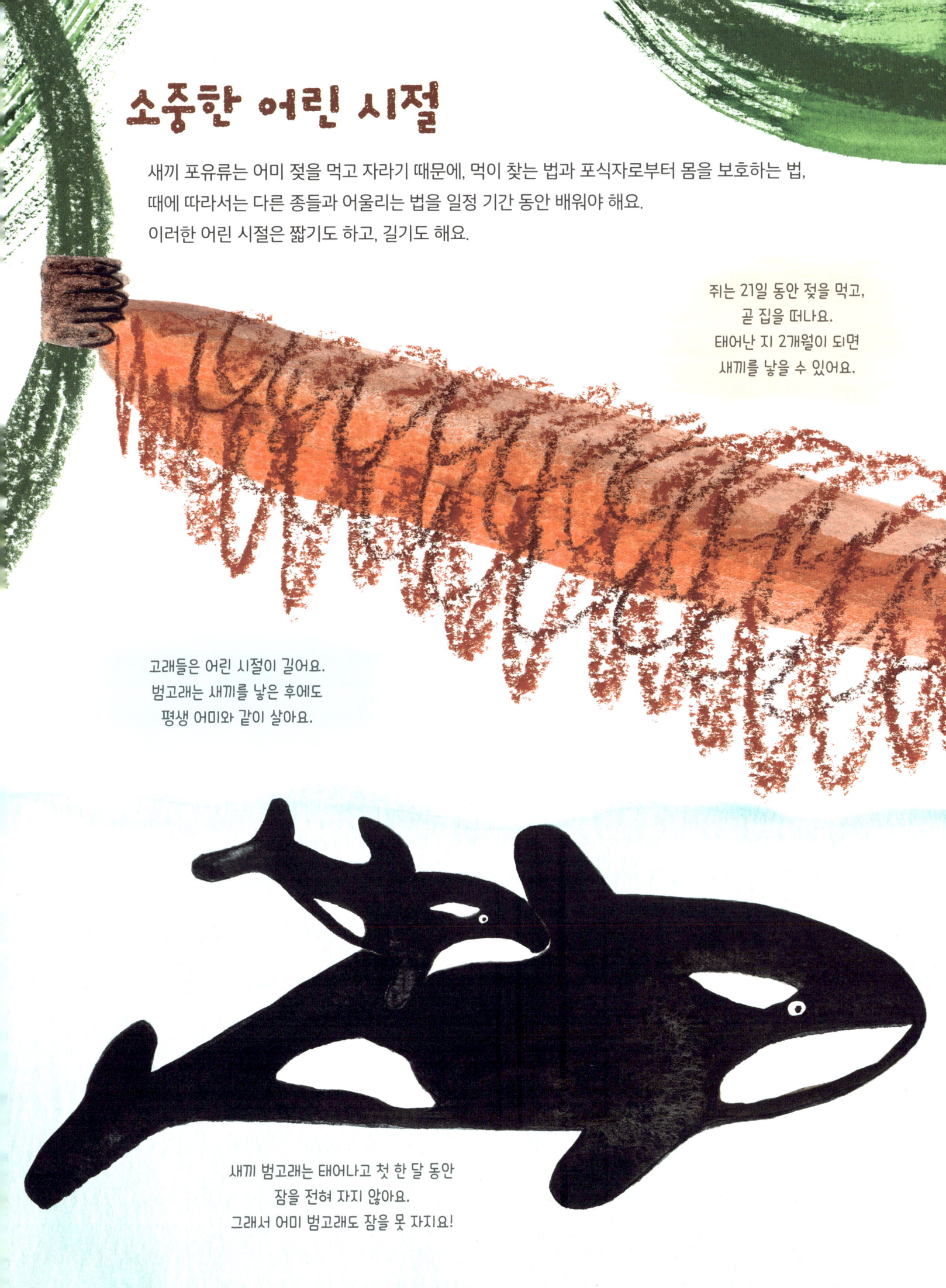

쥐는 21일 동안 젖을 먹고,
곧 집을 떠나요.
태어난 지 2개월이 되면
새끼를 낳을 수 있어요.

고래들은 어린 시절이 길어요.
범고래는 새끼를 낳은 후에도
평생 어미와 같이 살아요.

새끼 범고래는 태어나고 첫 한 달 동안
잠을 전혀 자지 않아요.
그래서 어미 범고래도 잠을 못 자지요!

오랑우탄도 어린 시절이 길어요.
어미 오랑우탄은 주변의 어떤 도움도 없이
혼자서 새끼를 키워요.
처음 2년 동안 새끼는 어미 곁을 잠시도
떠나지 않아요. 어미는 7년 동안 모유를 먹이면서
새끼에게 먹이 찾는 법과 털 손질하는 법,
잠자리 만드는 법을 가르쳐 줘요.

포유류 가족이 사는 모습

포유류는 종마다 가족 구조가 달라요. 포유류 종의 90퍼센트가 새끼 키우는 일을 어미가 혼자 맡지만, 그렇지 않은 종도 있지요.

새끼 코끼리는 암컷 무리에서 자라요. 무리의 우두머리 암컷은 먹이가 어디 있고, 마실 물이 어디 있는지와 같은 지식을 무리의 젊은 암컷들에게 알려 주지요. 또 위험이 닥치면 무리를 불러 모아, 새끼들을 가운데 두고 빙 둘러서게 해요. 부모를 잃은 새끼는 새끼가 속해 있는 무리가 입양해 키우고, 어린 수컷들은 사춘기가 되면 무리를 떠나요.

미어캣은 서로 연결된 땅굴에서 대가족을 이루고 살아요. 가족 구성원들은 새끼를 돌보는 역할, 굴을 지키는 역할, 먹이를 구해 오는 역할 등 저마다 맡은 일이 정해져 있어요.

비버는 한번 정한 짝과 평생을 같이 살아요.
댐 만들기, 포식자가 오는지 감시하기,
새끼들을 키우는 것과 같은 모든 일을
암컷과 수컷이 나눠서 하지요. 새끼 비버는
2년 동안 가족과 지내다가 독립해요.

일부 포유류의 새끼는 같은 무리 안에서
위협을 받기도 해요.
사자와 개코원숭이는 자기 영역을
굉장히 중요하게 여겨요.
새로운 수컷이 무리의 우두머리가 되면
다른 수컷의 새끼들을
전부 죽일 가능성이 매우 크지요.
공격적인 우두머리한테서
새끼를 보호하거나 숨기는 일은
순전히 어미 몫이에요.

인간의 가족

인간은 우리가 속해 있는 포유류의 다른 동물들과 공통점이 많아요.
다른 포유류 동물처럼 임신과 출산을 하고, 아기에게 모유를 먹이지요.
하지만 아이를 키우는 모습은 다른 포유류와 달라요.
인간은 아기를 낳으면 다른 유인원들처럼 1~2년 정도 모유를 먹여요.
유아기가 짧은 반면, 유년기와 청소년기는 매우 길어요. 인생의 4분의 1 정도니까요.
이 기간에 아이는 부모와 주변 사람들에게 다양한 기술을 배우며,
뇌가 복잡한 방식으로 발달해요.

우리 조상들은 이렇게 긴 시간 동안 자식을 보호하기 위해
매우 현명해져야 했어요. 주변의 도움도 필요했지요.
대부분의 포유류와 달리, 인간은 남자도 육아에 참여해요.
엄마와 아빠가 자식을 함께 키우고 먹이고 보호함으로써
아이의 생존 확률을 높여요. 대가족이나 지역 공동체도
아이들을 보살피고 키우는 데 중요한 역할을 했어요.

오늘날 인간은 가족 형태가 무척 다양해요. 우리는 엄마 1명이나 아빠 2명 또는 마을 전체의 돌봄을 받으며 자라기도 해요. 사랑과 교육, 음식, 집만 있다면 우리는 우리가 가장 잘하는 일을 할 수 있지요. 바로 성장하고 배우는 일이요.

우리는 성장하면서 기억해야 해요. 보살핌을 받고 자랐으니 우리도 가족을 보살펴야 한다는 걸요. 우리를 키워 준 사람들뿐만 아니라, 이 지구에서 우리와 함께 살아가는 다른 모든 생물들도 돌봐야 해요. 우리 모두는 하나의 거대한 가족이니까요.

이 단어는 무슨 뜻일까요?

구애 행동 동물들이 짝짓기 전에 이성에게 자신이 좋은 짝이라는 걸 증명해 보이려고 애쓰는 행동이에요.

난자 암컷의 생식 세포예요. '난세포'라고도 알려져 있는데, 암컷의 유전 물질이 담겨 있지요. 난소에서 나온 난자는 정자와 수정되어 배아로 발달할 수 있어요. 난자는 인간의 몸에서는 가장 큰 세포이며, 현미경 없이도 볼 수 있어요.

단공류 포유류 속 작은 집단으로, 오리너구리와 가시두더지가 속해 있어요. 알을 낳고, 젖꼭지가 없어요. 어미의 배에 있는 작은 구멍에서 젖이 땀처럼 나와요.

만숙성 동물 매우 미성숙한 상태로 태어나, 한동안 집중적인 보살핌이 필요한 동물을 말해요. 만숙성 동물은 새끼를 한꺼번에 많이 낳는 경우가 흔해요. 만숙성 동물의 새끼는 성체가 되지 못할 가능성이 크거든요.

배아 난자는 수정 후 24시간 이내에 많은 세포들로 빠르게 분열되어 배아가 돼요. 이 단계는 새끼의 신체 기관과 종의 신체적 특징이 형성될 때까지 계속 진행돼요.

산도 자궁에서 어미의 몸 밖으로 이어진 근육 통로예요. 출산 시 자궁은 새끼를 밀어내, 새끼가 산도를 통해 어미의 몸 밖으로 나가는 것을 도와줘요.

수정 정자와 난자가 만나 하나로 합쳐지는 것을 말해요.

수정란 난자는 수정이 이루어지면 수정란이라는 새로운 세포가 돼요. 수정란은 자궁으로 이동하면서 더 작고 많은 세포들로 빠르게 쪼개져요. 수정란은 배반포가 되고, 그다음에 배아가 되지요.

양막낭 태아를 감싸고 있는 주머니로, 안이 액체로 채워져 있어요. 태아의 체온을 조절하고, 외부 충격에서 태아를 보호해 줘요.

유대류 새끼를 자궁에서 충분히 자라게 하는 게 아니라, 아주 작고 미성숙한 상태로 낳아 어미의 몸에 있는 주머니 안에서 기르는 포유류 무리예요.

이란성 쌍둥이 난자 2개가 동시에 서로 다른 정자와 수정이 되어 태어난 아기들이에요. 생김새가 서로 같지 않고, 성별도 다를 수 있어요.

일란성 쌍둥이 1개의 난자와 1개의 정자가 만나 수정되었지만, 그 뒤로 수정란이 둘로 나뉘어 태어난 아기들이에요. 생김새가 매우 비슷하며, 유전체가 거의 같아요.

임신 기간	암컷 포유류가 자궁에 태아를 품고 있는 기간을 말해요.
자궁	'아기집'이라고도 불려요. 암컷 포유류의 몸에 있는 기관으로, 근육으로 이루어져 있어요. 수정란이 태아가 되고, 태아가 어미 몸 밖으로 나갈 때까지 머무르며 자라는 곳이에요.
자궁 경부	자궁의 제일 아랫부분으로, 질과 연결돼요. 출산 시 자궁 경부와 질이 넓어지면서, '산도'가 되지요.
정자	수컷의 생식 세포예요. 아주 작은 세포로, 채찍처럼 생긴 꼬리가 달려 있어요. 정자는 꼬리를 이용해 난자를 향해 헤엄쳐 나아가지요. 수컷 몸에서는 한번에 셀 수 없이 많은 정자가 나오지만, 1개의 정자만이 난자를 뚫고 들어가 아기의 유전 물질 가운데 절반을 형성해요.
조숙성 동물	눈을 뜨고 있고, 털이 있으며, 뇌가 거의 형성된 발단 단계에서 태어나는 동물을 말해요. 조숙성 동물은 아주 어릴 때부터 무리와 이동해야 하는 초식 동물 종에서 흔히 볼 수 있어요.
초유	새끼를 낳고 며칠간 어미 포유류의 몸에서 나오는 첫 번째 형태의 모유예요. 새끼에게 면역 체계를 만들어 주고, 감염에서 새끼를 보호하는 미생물이 가득 들어 있지요.
태반	임신 중 자궁에서 발달하는 기관으로, 태아에게 산소와 영양분을 공급하고 태아의 혈액 속 노폐물을 제거해요. 자궁벽에 붙어 있으면서, 탯줄을 통해 아기와 연결되어 있어요.
태아	포유류 종의 기본적인 특징이 나타나기 시작한 때부터 태어나기 전까지 단계의 새끼를 말해요. 인간의 경우, 수정되고 나서 9주 뒤부터 태아기가 시작돼요.
탯줄	부드럽고 유연한 관으로, 태아와 태반을 연결하는 혈관들로 채워져 있어요. 아기가 태어나면 곧 떨어져요.
포유류	털이 있는 온혈 척추동물이에요. 척추동물이란 등뼈가 있는 동물을 말하지요. 포유류는 젖을 만들어 내고, 다른 동물보다 뇌가 발달했어요.
한배 새끼	한번에 새끼를 많이 낳는 동물에게서 태어난 새끼를 말해요. 한배 새끼들은 보통 한 쌍의 같은 부모에게서 태어나지요. 포유류는 대부분 어미 젖꼭지 수의 절반만큼 새끼를 낳아요. 젖꼭지가 10개인 개는 대개 강아지를 5마리 낳아요.